놓지 마 과학!

놓지 마 정신줄! 학습 만화
놓지 마 과학! 12
정신이 코딩에 정신 놓다 2

초판 1쇄 발행 2019년 11월 8일
초판 23쇄 발행 2025년 8월 27일

글, 그림 신태훈, 나승훈
펴낸이 최순영

교양 학습 팀장 김솔미
편집 김지혜 **편집기획** 오세경
키즈 디자인 팀장 이수현 **디자인** 여는

펴낸곳 (주)위즈덤하우스 **출판등록** 2000년 5월 23일 제13-1071호
제조국 대한민국 **주소** 서울특별시 마포구 양화로 19 합정오피스빌딩 17층
전화 02)2179-5600 **홈페이지** www.wisdomhouse.co.kr **전자우편** kids@wisdomhouse.co.kr

ⓒ 신태훈, 나승훈 2019

ISBN 979-11-90305-31-0 77400

* 인쇄·제작 및 유통상의 파본 도서는 구입하신 서점에서 바꿔드립니다.
* 이 책의 사용 연령은 8~13세입니다.
* 이 책의 전부 또는 일부 내용을 재사용하려면
  사전에 저작권자와 (주)위즈덤하우스의 동의를 받아야 합니다.
* 사진 출처
  52면, 53면, 102면, 103면 셔터스톡

교과 연계표

〈놓지 마 과학!〉 12권에 담겨진 질문들이 교과서의 어느 부분과 연관됐는지 보여 주는 교과 연계표예요! 정신이네 가족과 함께 과학의 세계에 빠져 보아요!

★ 초등학교 과학 3학년 1학기

내용	단원명	단원 주제	쪽
익룡은 공룡이 아니라고?	2. 동물의 생활	특징에 따른 동물 분류	90
박치기하는 공룡이 있다고?	4. 생물의 한살이	여러 가지 동물의 한살이	34
새끼를 돌보는 공룡이 있다고?	4. 생물의 한살이	여러 가지 동물의 한살이	40

★ 초등학교 실과 6학년

내용	단원명	단원 주제	쪽
지능형 로봇이란 무엇일까?	발명과 로봇	로봇의 활용	10
로봇이 자동차를 조립한다고?	발명과 로봇	로봇의 활용	46
로봇이 사람보다 똑똑해질 수 있을까?	발명과 로봇	로봇의 활용	118

★ 초등학교 실과 6학년

내용	단원명	단원 주제	쪽
알고리즘이란 무엇일까?	소프트웨어와 프로그래밍	절차적 사고	18
순서도란 무엇일까?	소프트웨어와 프로그래밍	절차적 사고	28
입을 다물고 양치질을 한다고?	소프트웨어와 프로그래밍	절차적 사고	140
문제를 나누면 쉬워진다고?	소프트웨어와 프로그래밍	절차적 사고	166
비트란 무엇일까?	소프트웨어와 프로그래밍	기초 프로그래밍	54
프로그래밍 언어란 무엇일까?	소프트웨어와 프로그래밍	기초 프로그래밍	64
컴퓨터는 어떻게 프로그래밍 언어를 알아들을까?	소프트웨어와 프로그래밍	기초 프로그래밍	74
최초의 프로그래머는 누구일까?	소프트웨어와 프로그래밍	기초 프로그래밍	80
좌표란 무엇일까?	소프트웨어와 프로그래밍	기초 프로그래밍	104
컴퓨터에 벌레가 있다고?	소프트웨어와 프로그래밍	기초 프로그래밍	130
버그를 잡는 직업도 있다고?	소프트웨어와 프로그래밍	기초 프로그래밍	136
반복은 컴퓨터가 제일 잘한다고?	소프트웨어와 프로그래밍	기초 프로그래밍	154
예전에는 종이에 구멍을 뚫어서 코딩을 했다고?	소프트웨어와 프로그래밍	기초 프로그래밍	178

차례

교과 연계표 ······ 4

1 로봇은 똑똑해! 지능형 로봇이란 무엇일까? ······ 10

2 라면을 맛있게 끓이는 방법 알고리즘이란 무엇일까? ······ 18

3 줄을 서시오! 순서도란 무엇일까? ······ 28

놓지 마 과학 원리! 순서도 ······ 32

4 약속을 지켜 주세요! 박치기하는 공룡이 있다고? ······ 34

5 회장님, 꼭 우승하세요! 새끼를 돌보는 공룡이 있다고? ······ 40

6 마이아사우라의 비밀 로봇이 자동차를 조립한다고? ······ 46

놓지 마 과학 원리! 지능형 로봇 ······ 52

7 난 아는 게 너무 없어! 비트란 무엇일까? ······ 54

8 이제부터 영어 특훈이다! 프로그래밍 언어란 무엇일까? ······ 64

9 그걸 왜 배워야 하죠? 컴퓨터는 어떻게 프로그래밍 언어를 알아들을까? ······ 74

10 48가지 맛 아이스크림 최초의 프로그래머는 누구일까? ······ 80

11 저건 공룡이 아니야! 익룡은 공룡이 아니라고? ·················· 90

　　놓지 마 과학 원리!　익룡, 어룡, 수장룡 ································ 102

12 위기에 처한 데이노니쿠스　좌표란 무엇일까? ··············· 104

13 예측을 벗어나라!　로봇이 사람보다 똑똑해질 수 있을까? ··········· 118

14 기적의 대역전승!　컴퓨터에 벌레가 있다고? ················· 130

15 그것 참 신기한걸!　버그를 잡는 직업도 있다고? ············· 136

16 무적의 마이아사우라　입을 다물고 양치질을 한다고? ········· 140

17 힘내, 데이노니쿠스!　반복은 컴퓨터가 제일 잘한다고? ········· 154

　　놓지 마 과학 원리!　순차, 반복, 선택 ································ 164

18 정구가 우승했어요!　문제를 나누면 쉬워진다고? ············· 166

19 실수하면 안 돼!　예전에는 종이에 구멍을 뚫어서 코딩을 했다고? ········· 178

1 로봇은 똑똑해!

지능형 로봇이란 무엇일까?

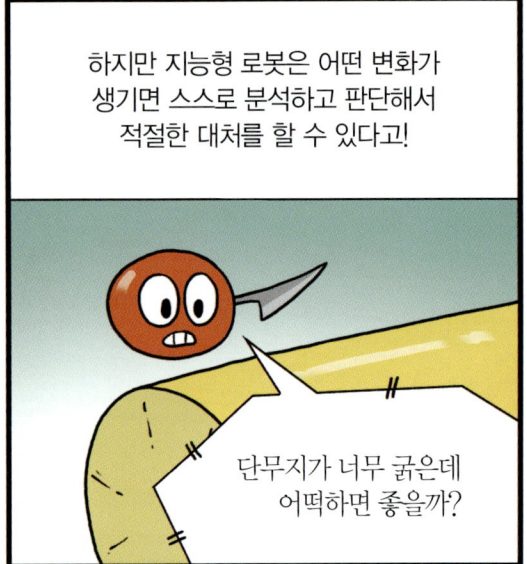

아직은 간단한 형태이지만 이미 우리 생활 속에 들어와 있는 지능형 로봇들도 꽤 있어!

애완 로봇이나 비서 로봇!

왈왈!

아직까지 게임을 하고 계시면 내일 늦잠을 잘 텐데요!

또 도우미 로봇이나 안내 로봇이 바로 간단한 지능형 로봇들이야!

땀을 많이 흘리시네요! 물을 드릴까요?

화장실 찾으세요?

옐로멜로 코엘로피시스가 그렇게 뛰어난 로봇이었다니!

아예 차원이 다른 로봇이라고!

우리들은 로봇에게 수천, 수만 가지 행동 방법과 기술, 조건 등을 일일이 다 입력했지만,

전천재 박사가 입력한 명령은 단 하나, '경기에서 이겨라!'였을 거야!

마, 말도 안 돼! 그럼…?

그래, 옐로멜로 코엘로피시스는 경기에서 이기는 게 뭔지, 이 경기가 어떤 경기인지, 경기 규칙이 뭔지,

어떻게 움직여야 이길 수 있는지를 스스로 공부해서 알아낸 거라고!

스스로 알아서 판단하여 행동하는 지능형 로봇

지능형 로봇이란 사람처럼 시각이나 청각 등을 이용해 외부 환경을 스스로 탐지하고, 그에 따라 필요한 작업을 자율적으로 실행하는 로봇이야. 산업 현장에서 사용되는 산업용 로봇은 외부 환경이 크게 바뀌지 않기 때문에 같은 일을 반복하는 경우가 많아. 이와 달리 지능형 로봇은 사람과 같이 생활하기 때문에 변화하는 외부 환경에 적절하게 대처할 수 있어야 해. 스스로 알아서 장소와 상황에 맞는 행동을 해야 하지. 지능형 로봇은 벌써 우리 생활 속에 들어와 있어. 특성에 따라 애완 로봇, 노인들을 돌보는 실버 로봇, 비서 역할을 하는 비서 로봇, 길과 장소에 대한 정보를 제공하는 안내 로봇 등으로 역할이 나뉜단다.

라면을 맛있게 끓이는 방법

알고리즘이란 무엇일까?

3일! 3일이면 엄청 양보한 거야!

흥! 고작 3일? 그걸로 입에 풀칠이라도 하겠어? 적어도 10일은 되어야지!

10일이나? 그렇게는 절대 안 돼! 서로 양보해서 일주일! 어때?

좋아! 약속한 거다! 지금 바로 출발할게!

정신이가 알려 주는 과학 상식

문제 해결을 위한 절차를 기록한 알고리즘

알고리즘이란 말을 들어 본 적이 있니? 컴퓨터 코딩을 배웠다면 들어 보았을 거야. 알고리즘이란 문제를 해결하기 위한 절차나 방법을 순서대로 나열하여 기록한 것을 말해. 어려운 계산도 척척 해내는 컴퓨터가 똑똑한 것 같지만 사실 컴퓨터는 사람이 시키는 대로 실행하는 것뿐이야. A 다음에 B를 하고, 그 다음에 C를 하라고 하나하나 명령을 내려 줘야 제대로 일을 할 수 있어. 왜냐하면 사람처럼 스스로 판단을 할 수 없기 때문이지. 그래서 코딩을 하기 전에 알고리즘을 정확하게 알아야 해. 문제를 해결하기 위해 알고리즘을 올바로 작성해야 코딩 결과가 제대로 나오게 되는 거란다.

 # 줄을 서시오!

순서도란 무엇일까?

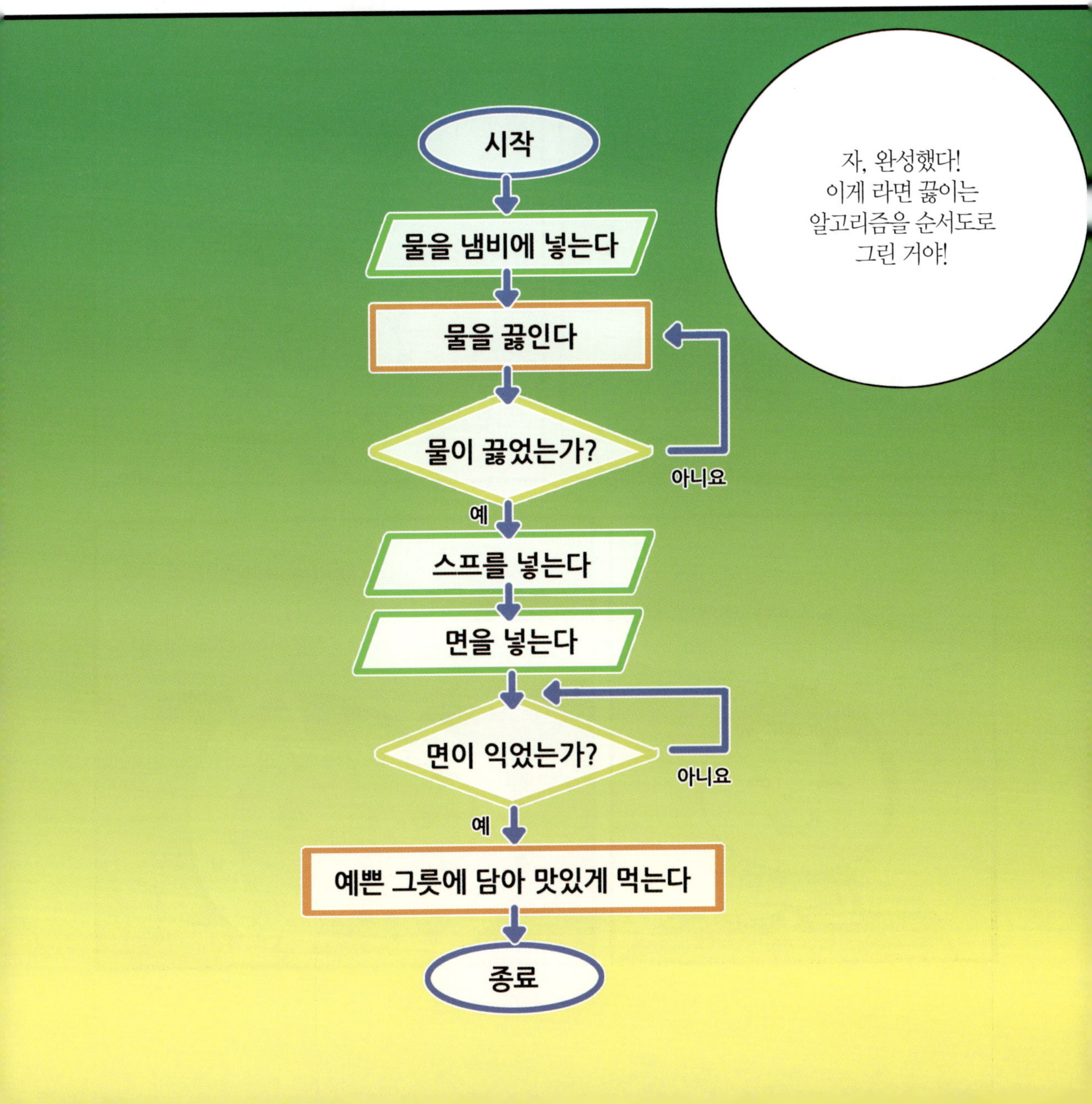

정신이가 알려 주는 과학 상식

알고리즘을 그림으로 표현한 순서도

문제 해결을 위한 절차나 방법을 순서대로 기록한 알고리즘은 우리가 보통 쓰는 말로 표현할 수도 있지만 그림으로 표현할 수도 있어. 순서도는 알고리즘을 그림으로 표현하는 방법 중에 가장 많이 쓰이는 방법이야. 순서도는 말 그대로 일을 하는 순서를 그림으로 그린 거지. 사람들이 쓰는 말은 여러 가지 의미를 가지는 경우도 있고, 그 뜻을 잘 모르거나 잘못 이해할 수도 있어. 알고리즘을 말로 표현했는데, 잘못 이해한다면 문제가 생길 수 있어. 그래서 알고리즘을 정확하게 전달하기 위해 순서도가 많이 쓰이는 거야. 순서도는 서로 약속한 기호를 통해 표현하기 때문에 잘못 전달될 위험이 크지 않단다.

순서도

순서도란 일의 흐름을 기호와 도형을 이용하여 그림으로 그린 거라고 했어. 순서도는 이해하기 쉽기 때문에 알고리즘이나 프로그램을 표현할 때 많이 사용되고 있어. 본문에서 라면 끓이는 방법을 오른쪽과 같이 순서도로 표현했어. 순서도에 대해 좀 더 알아볼까?

순서도는 영어로 'flow chart'라고 하는데, 'flow'는 '흐름'이라는 뜻이야. 그러니까 일이 일어나는 순서나 작업의 흐름을 그림으로 그렸다는 뜻이지. 그런데 순서도에 사용되는 각각의 도형이나 기호에는 정해진 의미가 있어. 오른쪽의 순서도에서 볼 수 있는 것처럼 타원은 시작과 끝을 의미하고 직사각형은 일을 순서대로 진행한다는 뜻이야. 그리고 평행사변형은 데이터의 입력과 출력을 의미하지. 또 마름모 모양은 조건 기호라고 할 수 있는데 그 조건이 맞는지 확인하는 역할을 해. 조건 기호가 쓰인 순서도에서는 그 조건이 맞는지 아닌지에 따라 다음 행동이 달라진단다.

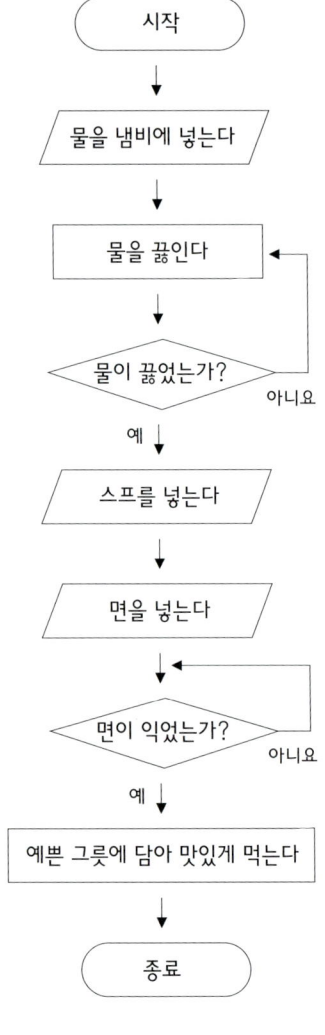

라면을 끓이는 순서도

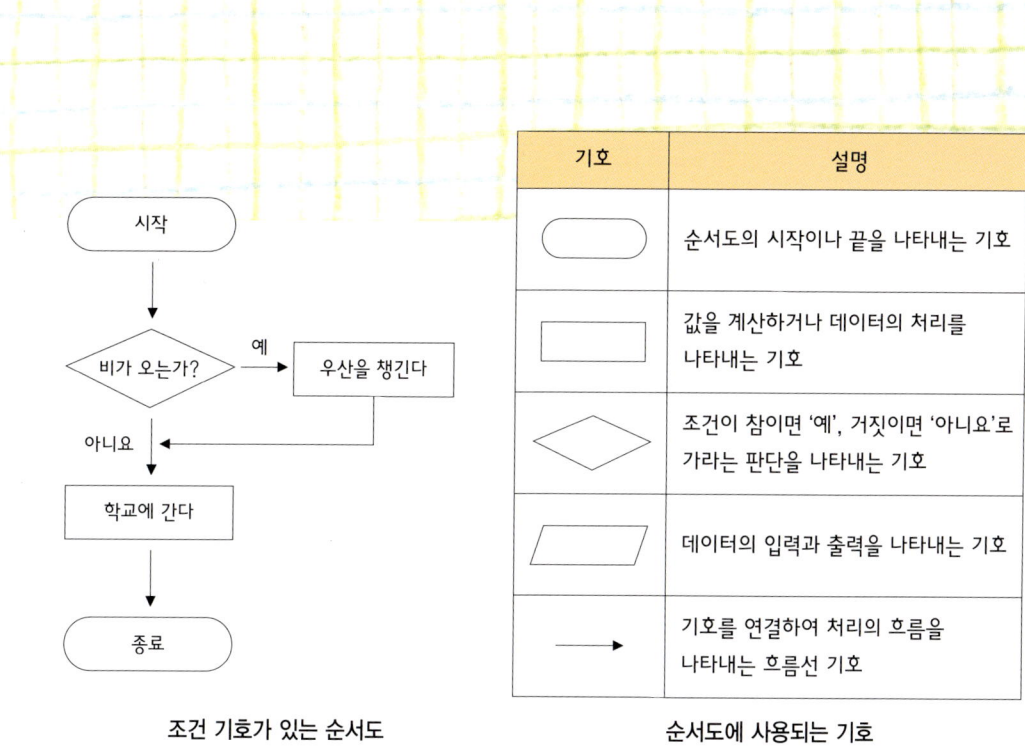

조건 기호가 있는 순서도　　　　순서도에 사용되는 기호

이런 방식을 통해 우리는 학교에 가는 방법, 게임하는 방법, 요리를 하는 방법 등 보다 다양하고 복잡한 것들도 순서도로 표현할 수 있어. 그리고 이런 방법은 컴퓨터 코딩을 할 때에도 사용할 수 있어. 이처럼 순서도를 활용하면 해야 할 일의 흐름을 한눈에 쉽게 알아볼 수 있어. 또 일을 처리하는 과정이 명확해져서 순서를 빠뜨리거나 혼동하지 않게 되지.

우리들이 사용하는 말은 하나의 말이 두 가지 이상의 의미를 가지는 경우도 있고, 무슨 뜻인지 이해하지 못하거나 말하는 사람의 뜻을 잘못 이해하는 경우도 있어. 이러한 말의 성질 때문에 말로 알고리즘을 정확하게 표현하는 것은 어려워. 그래서 알고리즘을 표현할 때 그림으로 표현하는 방법을 사용하는 거야. 그림으로 표현하는 방법도 여러 가지가 있지만 현재는 순서도가 가장 많이 쓰인단다.

약속을 지켜 주세요!

박치기하는 공룡이 있다고?

상대 녀석을 기다리는 동안에
내 로봇 공룡에 대해 알려 주지!
이름은 빡빡 파키케팔로!

빡빡 파키케팔로의 모델인
파키케팔로사우루스는 박치기하는 공룡으로
유명한데, 이름도 '두꺼운 머리를 가진
도마뱀'이란 뜻이야!

몸길이 4~5m 정도의 초식 공룡으로
머리뼈가 엄청 두꺼운 게 특징이야!

내 경기 상대가 누구인지 모르겠지만
빡빡 파키케팔로의 박치기 공격을 한 번
받기만 하면…

산산조각이 나
버릴 거야!!

박치기하는 공룡, 파키케팔로사우루스

공룡 중에 적을 만나면 박치기로 공격하는 공룡이 있다는 걸 알고 있니? 바로 파키케팔로사우루스라는 공룡이야. 몸길이 4~5m 정도의 초식 공룡으로 머리뼈가 두꺼운 것으로 유명하지. 머리뼈의 두께가 25cm나 되는 것도 있단다. 그래서 파키케팔로사우루스라는 이름도 '두꺼운 머리를 가진 도마뱀'이란 뜻이야. 적을 만나면 박치기를 해서 적을 물리쳤는데, 박치기를 할 때에는 머리와 등뼈를 일직선으로 쭉 뻗어 상대에게 강한 충격을 주었어. 또 머리 주위에는 혹 같은 돌기가 있는 게 특징이야. 앞다리는 짧고 뒷다리는 튼튼하고 길어 두 발로 걸었으며, 이빨은 나뭇잎을 뜯어 먹기 좋게 생겼어.

 **회장님, 꼭 우승하세요!**

새끼를 돌보는 공룡이 있다고?

정신이가 알려 주는 과학 상식

새끼를 잘 돌보는 공룡, 마이아사우라

공룡 중에도 새끼를 잘 돌보는 공룡이 있어. 바로 마이아사우라라는 공룡이야. 마이아사우라는 알에서 막 깨어난 새끼가 약했기 때문에 얼마 동안 돌보았대. 그래서 이름도 '착한 어미 도마뱀'이라는 뜻이야. 1978년에 미국의 공룡학자 호너가 공룡의 둥지를 발견했는데, 둥지 한가운데 알들이 동그랗게 놓여 있었어. 마이아사우라는 무리를 지어 알을 낳고 공동으로 새끼를 키웠던 거야. 이로써 공룡이 대부분의 파충류처럼 새끼를 낳기만 하고 돌보지 않았던 것이 아니라 공룡도 새끼를 돌봤다는 걸 알게 되었지. 마이아사우라는 성격이 온순하고 네 발로 걸었으며, 꼬리는 길고 탄탄하여 몸의 균형을 잘 잡아 주었어.

실제 자동차 생산에 이용되는 산업용 로봇

정신이가 알려 주는 **과학 상식**

로봇은 크게 산업용 로봇과 지능형 로봇으로 나눌 수 있어. 산업용 로봇은 사람의 노동력을 대체할 수 있는 기계를 의미해. 사람처럼 생길 필요 없이 사람의 일을 대신 처리해 주기만 하면 되지. 산업용 로봇은 쓰이는 곳에 따라 공업용, 의료용, 가정용, 농업용, 전투용 등으로 나뉘어. 실제 산업 현장에서 최초로 사용된 로봇은 1962년 미국의 자동차 회사 GM이 사용한 로봇이야. 실제 자동차 생산 라인에 투입되어 물건의 이송, 용접 및 조립, 검사 등에 사용되었어. 특히 위험하거나 어려운 부분에서 로봇은 큰 힘을 발휘했지. 로봇은 단순하고 반복적인 일을 지치지 않고 정확하게 해낼 수 있단다.

지능형 로봇

지능형 로봇이란 사람처럼 시각이나 청각 등을 이용해 외부 환경을 스스로 탐지하고, 그에 따라 필요한 행동을 하는 로봇이라고 했어. 산업용 로봇이 일의 효율성과 성과에 초점을 맞추는 반면 지능형 로봇은 모든 행동이 사람에게 초점을 맞춘다고 할 수 있어. 이처럼 사람들의 생활에 가까이 다가와 있는 지능형 로봇은 여러 가지 역할들을 하고 있지. 애완 로봇이나 안내 로봇, 실버 로봇, 비서 로봇, 서비스 로봇, 요리사 로봇, 선생님 로봇 등 로봇은 다양한 역할을 하며 사람과 함께 생활하게 된 거야.

세계 최초의 애완 로봇 아이보는 사람과 감정을 교류할 수 있는 따뜻한 친구로 개발되었어. 산업용 로봇처럼 일을 하는 것은 아니지만 마치 반려동물을 기르는 것처럼 정서적인 만족을 주기 때문에 사람들의 사랑을 받았단다.

◀ 세계 최초로 개발된 애완 로봇 아이보

▲ 인천 공항에서 안내를 하고 있는 안내 로봇 에어스타

애완 고양이 로봇 ▶

▲ 음식점에서 서비스를 제공하는 서비스 로봇

▲ 직접 요리를 하고 있는 요리사 로봇

▲ 호텔에서 안내를 하고 있는 호텔 안내 로봇

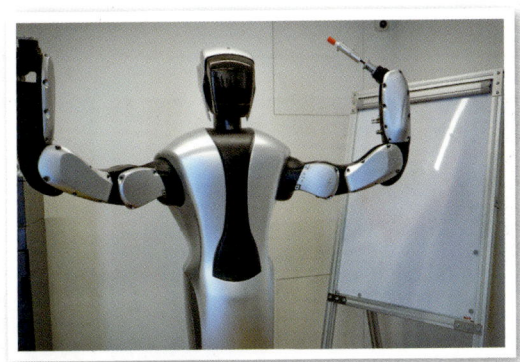

▲ 사람들을 가르치는 선생님 로봇

인천 국제공항에 가면 길을 안내해 주는 로봇을 볼 수 있어. 이름은 에어스타야. 넓은 공항에서 어디로 가야 할지, 어디서 어떤 과정을 거쳐야 할지 알려 주는 로봇이야. 요즘은 공항뿐만 아니라 큰 빌딩 등에서도 안내 로봇을 볼 수 있어. 또 나이 든 할아버지, 할머니를 도와드리고 치매 예방에도 도움이 되는 실버 로봇도 개발되었어.

이 밖에도 음식점에서 주문을 받고 음식을 날라 주는 서비스 로봇도 있고, 음식을 직접 요리하는 요리사 로봇도 있지. 또 호텔에서 손님을 맞아 안내하는 로봇도 있고, 커피숍에서 커피를 만들어 주는 로봇도 있어. 하지만 가장 똑똑한 로봇은 아마 선생님 로봇일 거야. 사람을 가르치는 선생님 로봇까지 등장했다니 앞으로 사람이 할 일이 없어지는 것은 아닐까?

 # 난 아는 게 너무 없어!

비트란 무엇일까?

예를 들어 영어 알파벳 H는 이진법으로 나타내면 1001000이 되는데, 이를 문자 기본 단위인 바이트에 맞춰서 8자리로 나타내면 앞에 0이 하나 붙어서 01001000이 되는 거야.

"H" = 01001000
(8bit=1byte)

그러니까 이 책에 있는 모든 글자를 비트로 표시하면 그 양이 어마어마하겠지?

그렇겠네!

그나저나 바이트…, 바이트…. 어디서 많이 들어 봤는데?

킬로바이트, 메가바이트, 기가바이트…!

맞아! 컴퓨터 파일 용량이 몇 메가바이트, 이런 말을 들어 봤어!

그래, 맞아! 모든 단위의 기본은 비트지만 일정한 양을 묶어서 단위로 만든 거야!

8비트가 모이면 1바이트, 1024바이트가 모이면 1킬로바이트!

01001000

정신이가 알려 주는 과학 상식

컴퓨터에서 사용하는 데이터의 최소 단위, 비트

컴퓨터를 사용하다가 비트(bit)란 말을 들어 보았을 거야. 비트란 무엇일까? 비트는 컴퓨터에서 사용하는 데이터의 최소 단위야. 이진수의 0이나 1이 1비트가 되는 거야. 하지만 비트는 데이터를 나타내기에는 너무 작기 때문에 보통 하나의 문자를 나타내는 기본 단위로 바이트(byte)를 사용해. 8개의 비트가 모여서 1바이트가 되는 거야. 예를 들어 영어 알파벳 H를 기계어로 나타내면 01001000이 되는데, 하나하나의 숫자는 1비트이고 8개가 모인 전체가 1바이트가 되는 거지. 이처럼 영어의 알파벳은 한 글자가 1바이트를 차지해.
하지만 한글은 받침도 있기 때문에 한 글자가 2바이트를 차지한단다.

이제부터 영어 특훈이다!

프로그래밍 언어란 무엇일까?

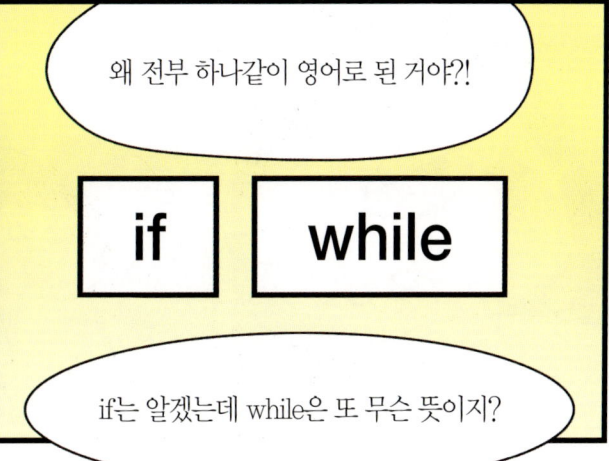

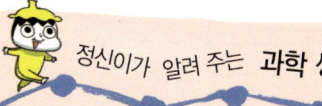

사람들이 이해할 수 있는 말로 된 프로그래밍 언어

미국 사람과 대화를 하려면 영어를 써야 한다는 건 알고 있겠지? 그럼 컴퓨터와 대화하려면 어떤 언어를 사용해야 할까? 컴퓨터는 0과 1로 된 기계어를 사용한다고 했어. 하지만 사람이 01101000과 같은 기계어를 쓰는 것은 어려운 일이야. 그래서 사람들이 잘 이해할 수 있는 말로 프로그램을 만들 수 있는 언어를 만들었는데, 이것이 바로 프로그래밍 언어야. 자바(JAVA), C 언어, PHP 같은 언어들이 있지. 이런 프로그래밍 언어는 실생활에서 사용하는 if(만약에), while(~하는 동안) 같은 단어들을 명령어로 사용해. 프로그래밍 언어가 영어로 된 것은 유럽이나 미국에서 개발되었기 때문이야.

9 그걸 왜 배워야 하죠?

컴퓨터는 어떻게 프로그래밍 언어를 알아들을까?

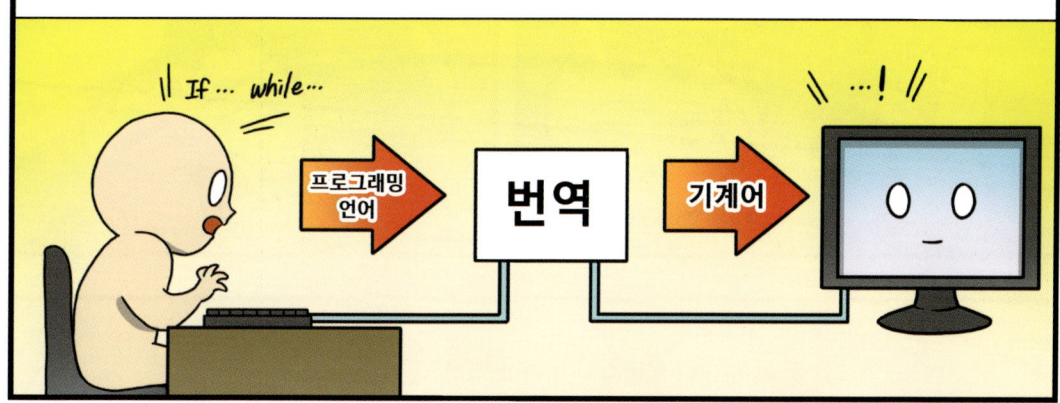

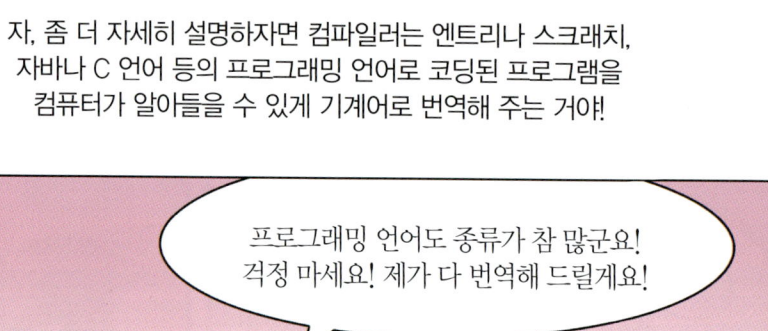

프로그래밍 언어를 기계어로 번역해 주는 컴파일러

프로그래밍 언어는 컴퓨터가 알아들을 수 있는 기계어가 아니라 사람들이 잘 이해할 수 있는 말로 만들어졌다고 했어. 그럼 컴퓨터는 프로그래밍 언어를 어떻게 알아들을까? 우리가 영어를 모르면 영어로 된 책을 읽을 수 없어. 하지만 누군가가 우리말로 번역을 해 주면 읽을 수 있지. 이와 마찬가지로 프로그래밍 언어로 된 프로그램을 기계어로 번역해 주면 컴퓨터는 명령을 이해하고 실행할 수 있어. 이를 위해 번역기를 사용하는데 이를 컴파일러라고 해. 그러니까 프로그래밍 언어로 프로그램을 만들면 컴퓨터에 있는 컴파일러가 기계어로 번역을 하고, 이를 컴퓨터가 알아듣고 명령을 실행하게 되는 거야.

48가지 맛 아이스크림

최초의 프로그래머는 누구일까?

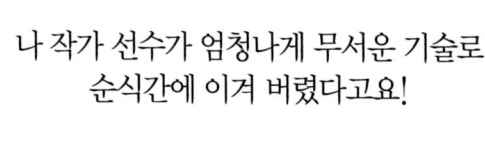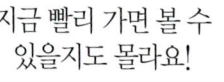

최초의 프로그래머는 에이다 러브레이스

세계 최초의 프로그래머로 여겨지는 사람은 영국 출신의 에이다 러브레이스라는 여성이야. 1815년에 태어났으니까 아직 컴퓨터가 세상에 나오기 전이지. 에이다는 영국의 유명한 시인인 바이런의 딸이었는데 어려서부터 수학과 과학에 흥미가 많았어. 그러다가 찰스 배비지라는 과학자를 만났지. 그 당시 찰스 배비지는 여러 가지 복잡한 계산을 할 수 있는 기계식 계산기를 만들려고 했어. 아직 기술이 발달하지 못하여 기계식 계산기는 결국 만들어지지 못했지만, 그 기능과 구조로 인해 컴퓨터의 시초로 중요하게 생각되고 있어. 에이다는 배비지의 기계식 계산기를 이용해서 아주 복잡한 계산을 할 수 있는 알고리즘을 만들어 냈어. 이 때문에 에이다가 최초의 프로그래머로 불리게 된 거야.

11 저건 공룡이 아니야!

익룡은 공룡이 아니라고?

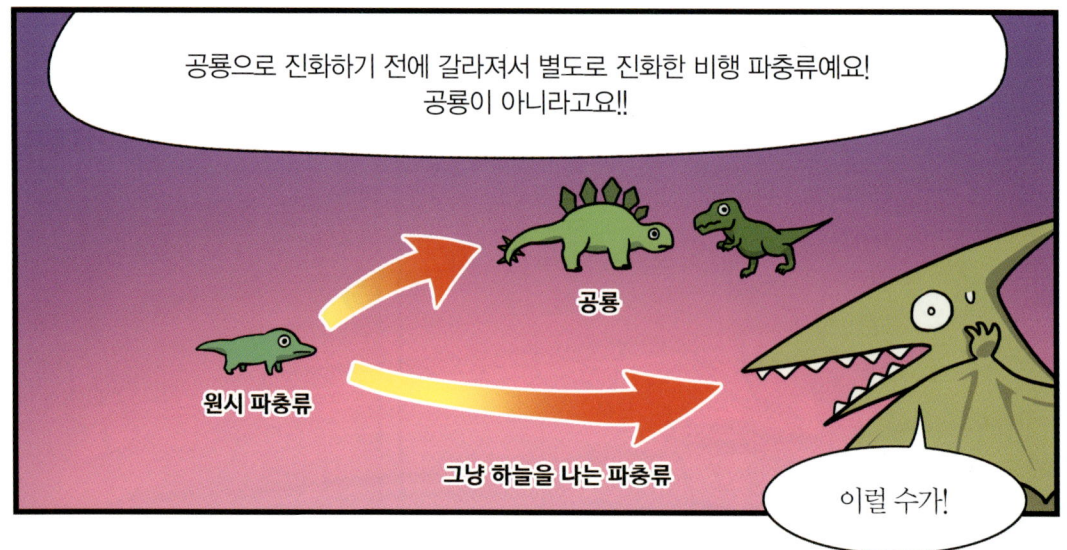

정신이가 알려 주는 과학 상식

익룡은 공룡과는 다른 비행 파충류

공룡 책을 보면 익룡과 어룡, 수장룡도 등장해. 그런데 익룡과 어룡, 수장룡도 공룡에 속할까? 공룡이란 중생대 트라이아스기 후기에 나타나 백악기 말까지 번성했던 파충류 중에서 땅 위를 걸어 다니며 생활했던 육상 동물을 가리키는 말이야. 그러니까 하늘을 나는 파충류인 익룡, 바다에 사는 파충류인 어룡이나 수장룡은 공룡에 해당하지 않아. 익룡은 공룡과 가까운 관계이지만 공룡이 진화하기 전에 갈라져서 따로 진화한 비행 파충류이고, 어룡과 수장룡도 공룡과는 다른 해양 파충류야. 어룡과 수장룡은 둘 다 물에서 살며 새끼를 낳아. 하지만 어룡은 물속 생활에 적응하여 몸이 물고기처럼 유선형으로 진화했단다.

익룡, 어룡, 수장룡

공룡 책에 공룡과 함께 등장하는 익룡과 어룡, 수장룡은 공룡과는 다르다고 했어. 이번에는 이것들에 대해 좀 더 알아볼까?

먼저 비행 파충류인 익룡은 공룡과 마찬가지로 트라이아스기 후기에 나타나 백악기 말까지 살았어. 앞발이 날개로 변해 하늘을 날 수 있었지. 익룡의 날개는 새의 날개처럼 속이 비어 있어서 날기에 적합했어. 익룡은 크기가 매우 다양하게 진화했어. 날개를 편 길이가 1~2m 정도의 람포링쿠스부터 7~8m 정도나 되는 프테라노돈까지 다양했어. 특히 북아메리카에서 발견된 케찰코아툴루스는 11m나 되었다고 해. 아마 지구가 생겨난 이래 하늘을 난 가장 큰 동물은 익룡일 거야. 익룡들은 대부분 강이나 호수, 얕은 바닷가에 살면서 곤충과 물고기, 작은 동물을 잡아먹고 살았어.

◀ 몸집이 큰 익룡, 프테라노돈

▲ 몸집이 작은 익룡에 속했던 람포링쿠스

▲ 가장 덩치가 큰 익룡, 케찰코아툴루스

▲ 가장 대표적인 어룡, 이크티오사우루스

▲ 몸길이가 10m 이상이었던 어룡, 쇼니사우루스

▲ 수장룡의 대표, 플레시오사우루스

▲ 가장 긴 목을 가진 수장룡, 엘라스모사우루스

어룡과 수장룡은 둘 다 물속에서 생활하는 해양 파충류야. 특히 어룡은 바다에 가장 잘 적응한 동물이야. 생김새가 돌고래와 닮아서 물속에서 자유자재로 헤엄치며 생활했어. 주로 오징어와 물고기 등을 잡아먹었지. 폐로 숨을 쉬었기 때문에 수면 가까이에 살며 가끔 물 밖으로 고개를 내밀어 숨을 쉬었고, 알이 아니라 새끼를 낳았어.

수장룡은 생김새가 공룡과 비슷하게 생겼어. 크게 목이 긴 종류와 목이 짧은 종류로 나뉘는데, 두 종류 모두 몸길이가 5m에서 28m까지 다양했어. 가장 오래된 수장룡으로 알려진 플레시오사우루스를 비롯해서 엘라스모사우루스, 크로노사우루스 등 여러 종류가 있었지. 어룡과 마찬가지로 물속에서 새끼를 낳았으며 물 밖으로 고개를 내밀어 숨을 쉬었어. 오징어, 물고기, 연체동물 등을 잡아먹고 살았어.

위기에 처한 데이노니쿠스

좌표란 무엇일까?

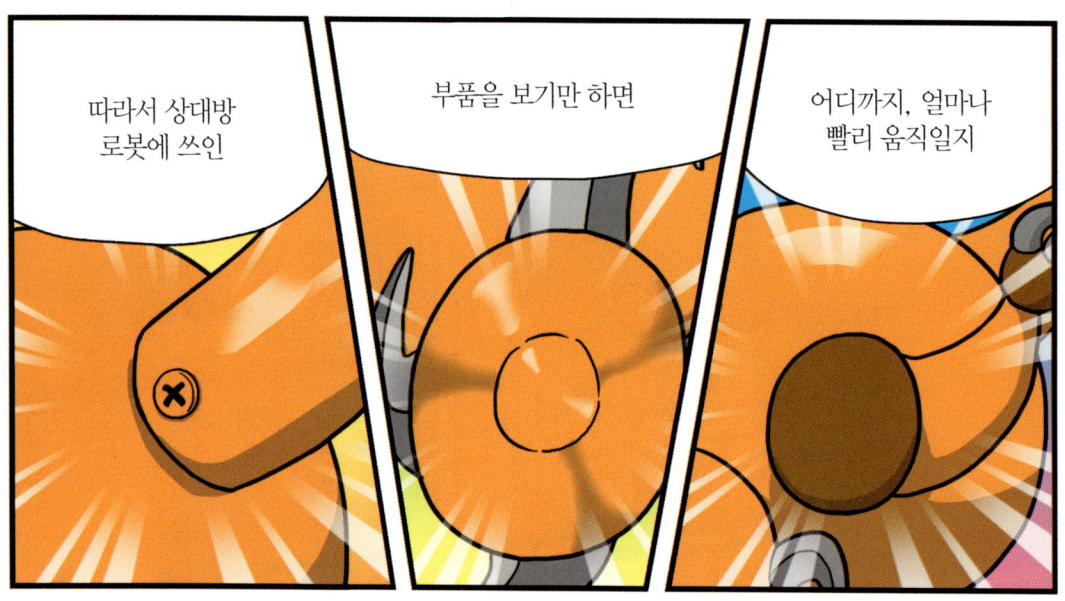

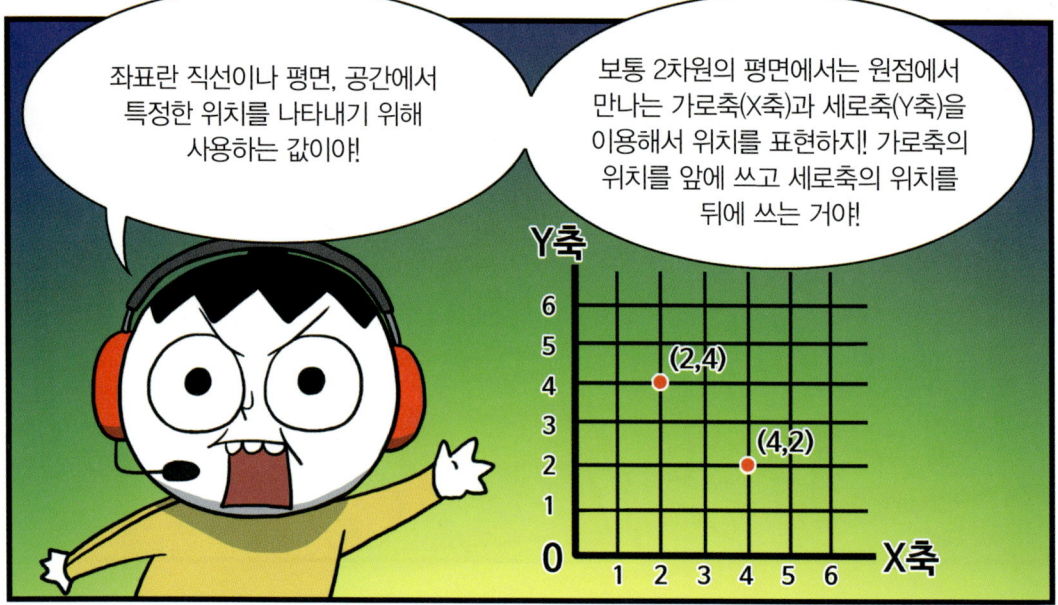

정신이가 알려 주는 과학 상식

특정 위치를 나타내는 좌표

수학 시간에 좌표라는 말을 들어 본 적이 있을 거야. 좌표란 직선이나 평면, 공간에서 특정한 위치를 나타내기 위해 사용되는 값이야. 이 좌표는 컴퓨터에서도 사용되는데 바로 모니터 위의 위치를 나타내기 위해 사용되지. 모니터의 가운데를 기준으로 삼아 여기서 가로와 세로로 얼마만큼 떨어진 곳에 위치하고 있는지 숫자로 표현하는 거야. 좌표를 활용하면 모니터에 글자와 그림을 질서 있게 나열할 수 있어. 그런데 이 좌표를 처음 만든 사람은 철학자이자 수학자인 데카르트야. 몸이 약해 자주 누워 있던 데카르트는 천장에 붙어 있는 파리를 보다가 파리의 위치를 정확하게 나타내기 위한 방법으로 숫자를 이용해 좌표를 만들었다고 해.

예측을 벗어나라!

로봇이 사람보다 똑똑해질 수 있을까?

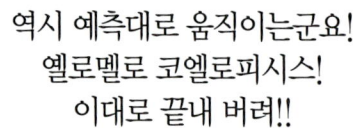

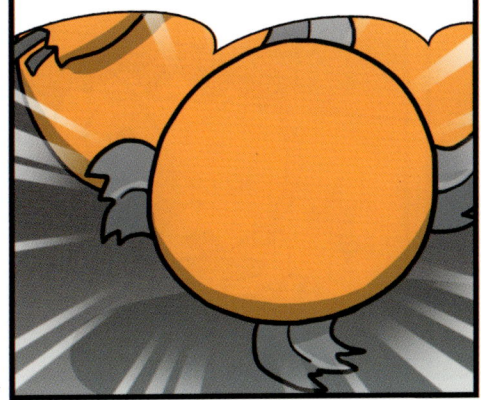

방금 전 몸통 박치기를 할 때, 바퀴의 날이 부러지면서 모양이 불규칙하게 변해 버렸어!

게다가 한쪽만 부러져서 균형이 맞지 않아 어떻게 이동할지 우리도 알 수 없어! 그래서 옐로멜로 코엘로피시스의 계산이 빗나간 거라고!

그래도 고성능 지능형 로봇인데 그 정도 변수는 스스로 생각해야죠!

그건 불가능해! 인공 지능을 탑재한 로봇이 아무리 똑똑하다 해도 아직은 사람처럼 스스로 생각할 수는 없어!

인공 지능이란 사람의 학습 능력, 지각 능력, 추론 능력, 언어 이해력 등을 컴퓨터 프로그램으로 구현하는 기술이야! 이를 잘 이용하면 로봇이 인공 지능을 통해서 사람처럼 지능적인 행동을 할 수도 있어! 하지만 지금의 인공 지능 기술은 저장된 정보를 바탕으로 정해진 상황에서 정해진 작업을 수행하는 정도의 수준밖에는 되지 않아!

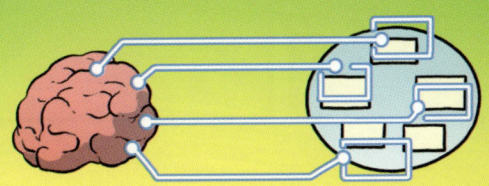

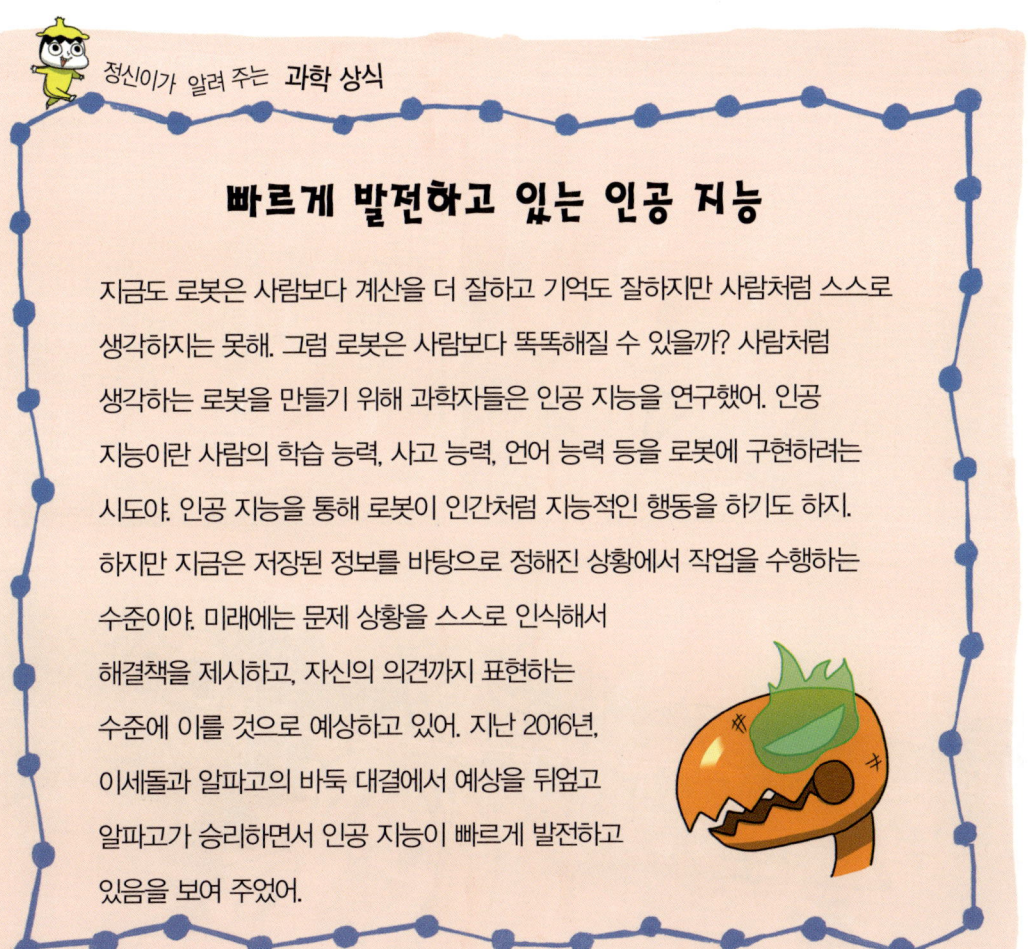

정신이가 알려 주는 과학 상식

빠르게 발전하고 있는 인공 지능

지금도 로봇은 사람보다 계산을 더 잘하고 기억도 잘하지만 사람처럼 스스로 생각하지는 못해. 그럼 로봇은 사람보다 똑똑해질 수 있을까? 사람처럼 생각하는 로봇을 만들기 위해 과학자들은 인공 지능을 연구했어. 인공 지능이란 사람의 학습 능력, 사고 능력, 언어 능력 등을 로봇에 구현하려는 시도야. 인공 지능을 통해 로봇이 인간처럼 지능적인 행동을 하기도 하지. 하지만 지금은 저장된 정보를 바탕으로 정해진 상황에서 작업을 수행하는 수준이야. 미래에는 문제 상황을 스스로 인식해서 해결책을 제시하고, 자신의 의견까지 표현하는 수준에 이를 것으로 예상하고 있어. 지난 2016년, 이세돌과 알파고의 바둑 대결에서 예상을 뒤엎고 알파고가 승리하면서 인공 지능이 빠르게 발전하고 있음을 보여 주었어.

기적의 대역전승!

컴퓨터에 벌레가 있다고?

정신이가 알려 주는 과학 상식

컴퓨터 프로그램 오류를 나타내는 말, 버그

컴퓨터 프로그램이 갑자기 멈추거나 기능이 실행되지 않으면 프로그램에 오류가 있는 거야. 이때 프로그램에 버그(bug)가 있다고 하지. 버그는 영어로 벌레라는 뜻이야. 그런데 왜 프로그램 오류를 버그라고 하는 걸까? 1940년대에 있었던 일이야. 컴퓨터 기계 장치에 나방이 날아 들어가서 컴퓨터가 멈춘 사건이 있었어. 이때부터 컴퓨터를 멈추게 하는 오류나 결함을 버그라고 부르게 되었다고 해. 버그는 코딩을 할 때 명령어를 잘못 사용하거나 오류를 일으키는 코드가 프로그램에 들어가서 생겨. 이런 버그가 생기면 이것을 고치기 위한 작업을 하는데, 이를 버그를 없앤다는 의미로 디버깅(debugging)이라고 한단다.

 # 그것 참 신기한걸!

버그를 잡는 직업도 있다고?

휴…! 엄청나게 많이 부서졌어! 만약에 옐로멜로 코엘로피시스에게 버그가 생기지 않았다면 분명히 우리가 졌을 거야!

맞아! 모든 움직임을 다 예측하다니, 정말 무서운 상대였어!

정신이가 알려 주는 **과학 상식**

버그를 찾아내는 버그 전문가

컴퓨터 프로그램에 있는 오류를 버그라고 한다고 했어. 전문가가 코딩한 프로그램에는 버그가 없을 것이라고 생각하기 쉽지만 그렇지 않아. 버그가 없는 프로그램을 만드는 것은 거의 불가능해. 아무리 전문가라고 해도 실수를 전혀 하지 않을 수는 없으니까 말이야. 그래서 프로그램을 만드는 회사에는 버그를 찾기 위해 테스트만 하는 사람이 있어. 이 사람들은 프로그램을 만들기보다는 다른 사람이 만든 프로그램을 테스트하는 것을 전문으로 하지. 이들은 버그를 발견하면 어떻게 했을 때 버그가 생기며, 그로 인해 어떤 문제가 생기는지 기록해서 보고서를 제출해. 그러면 코딩을 담당한 프로그래머들이 보고서를 보고 버그를 찾아 고치는 거야.

 # 무적의 마이아사우라

입을 다물고 양치질을 한다고?

어마마마 마이아사우라, 얼른 이 경기를 끝내자꾸나!

벌써 이긴 것 같은 말투라니, 무례하군!

공포를 느끼게 해 주자, 신드래곤!!

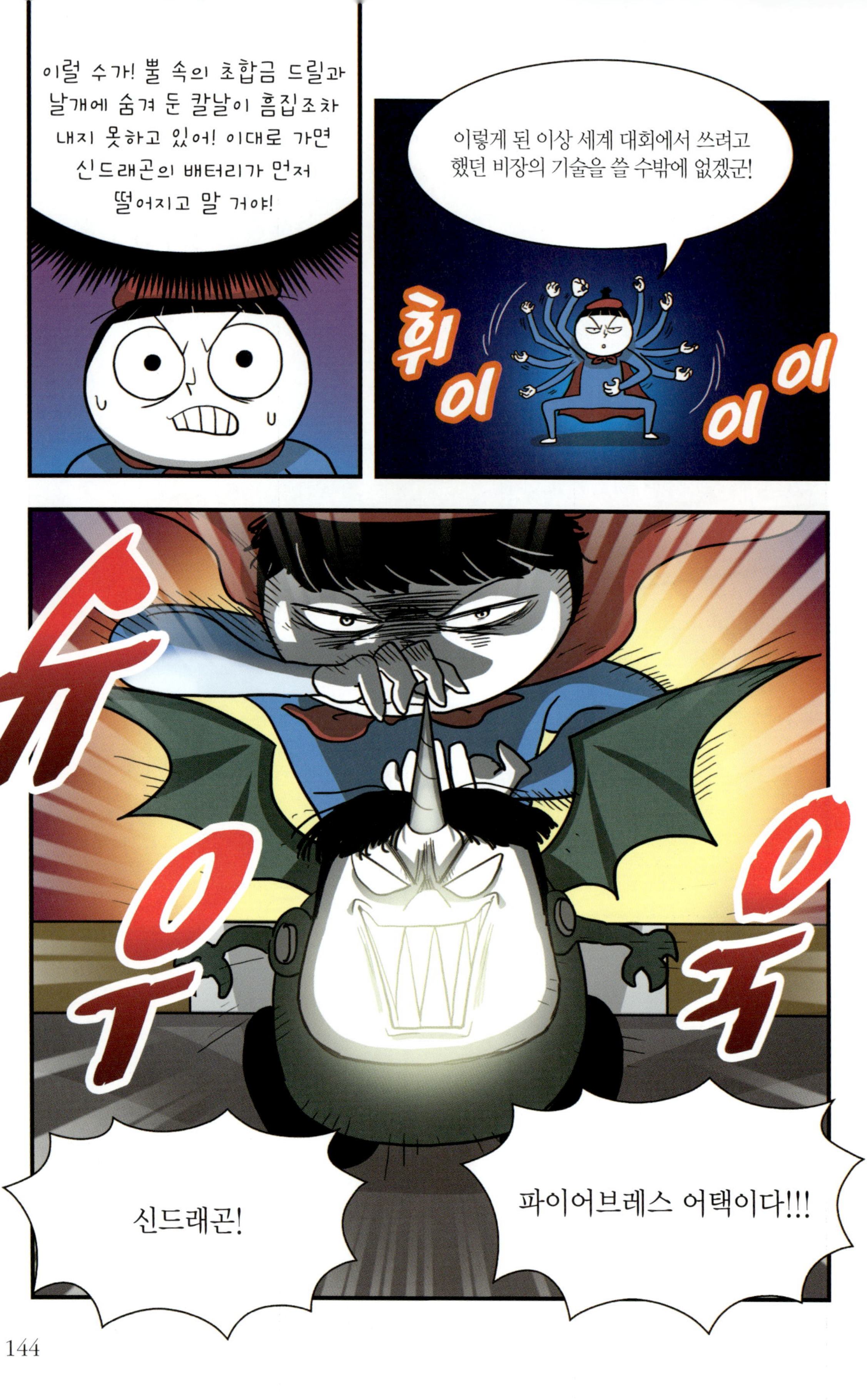

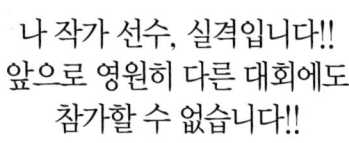

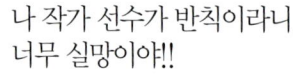

정신이가 알려 주는 과학 상식

순서대로 차례차례 진행하는 순차

코딩을 할 때에는 순서를 빼먹거나 순서가 뒤바뀌면 제대로 된 결과가 나오지 않아. 그래서 순서에 맞춰 정확하게 명령을 내려야 하는 거야. 이처럼 순서대로 차례차례 진행하는 것을 순차라고 해. 예를 들어 양치질하는 방법을 컴퓨터에게 알려 준다고 생각해 보자. 다음과 같이 알고리즘을 짜야 할 거야. '치약 뚜껑을 연다 → 칫솔에 치약을 조금 짠다 → 입을 연다 → 이를 잘 닦는다 → 물로 입을 헹군다 → 양치질 끝' 그런데 여기서 무엇 하나라도 빠지면 컴퓨터는 제대로 실행할 수 없어. 만일 '입을 연다'는 과정을 뺀 채 알고리즘을 짰다고 생각해 봐. 컴퓨터는 시키는 대로만 하고 스스로 판단할 수 없기 때문에 입을 열지 않아. 그러니까 입을 다문 채로 무조건 칫솔질을 하게 될 거야.

17 힘내, 데이노니쿠스!

반복은 컴퓨터가 제일 잘한다고?

신드래곤의 폭발로 망가진 경기장의 수리가 이제 끝났습니다!

결승전에 걸맞게 특별히 제작된 경기장은 더 그리기 쉽게…, 아니 더 멋있어졌네요!

번쩍 번쩍

과연 누가 승리해서 국가 대표 자격으로 월드 로봇 공룡 대전에 나가게 될지 기대가 됩니다!

어마마마 마이아사우라! 결승전도 얼른 끝내는 거야, 알았지?

바짝 긴장하자! 우린 적의 기술을 하나도 모르니까 섣불리 움직여서는 안 돼!

응!

그럼 이제 마지막 경기, 결승전을 시작하겠습니다!

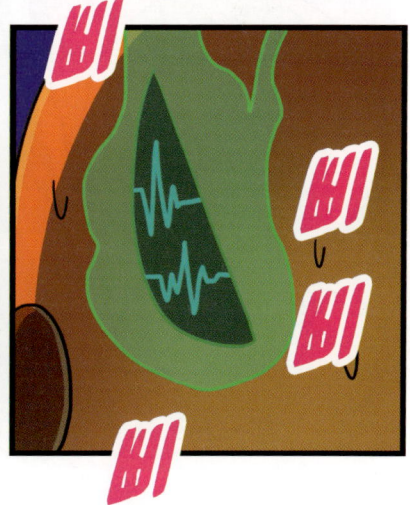

우리가 공격할 위치를 파악해서 잡히면 바로 분해해 버리는 저 어마마마 마이아사우라는 단순하지만 정말 위험하다고!

하지만… 약점이 없는 것은 아니야! 잘 봐!

마이아사우라의 등에서 나온 저 요상한 집게는 몸체가 단단히 고정되어 있지 않으면 움직이기 어려워!

그렇구나! 그래서 다리를 바닥에 고정시킨 거구나!

쑤

욱

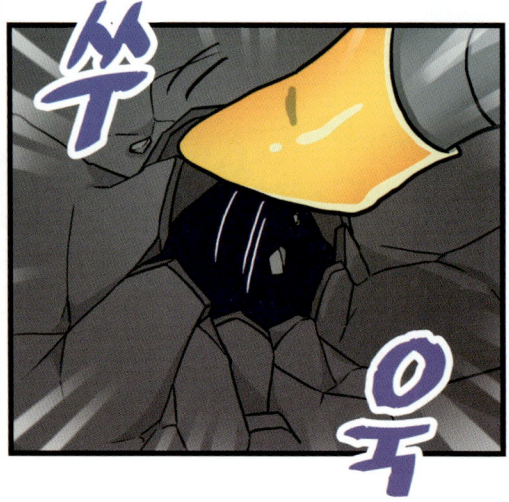

정신이가 알려 주는 과학 상식

컴퓨터의 뛰어난 능력, 반복 작업

똑같은 일을 여러 번 반복해서 한 적이 있을 거야. 그럴 때는 아주 지루할 거야. 그런데 컴퓨터는 반복 작업을 지루해하지 않으면서 아주 정확하게 할 수 있어. 반복 작업은 컴퓨터가 갖고 있는 능력 중에서 가장 뛰어나다고 할 수 있지. 예를 들어 천 명의 학생들의 성적표를 만든다고 생각해 봐. 천 명의 성적을 더하고 나누어서 평균을 내야 한다면 사람은 아마 실수를 하는 경우가 많을 거야. 하지만 똑같은 작업을 천 번 반복하도록 코딩을 해서 프로그램을 만들면 컴퓨터는 실수 없이 정확하게 작업을 마칠 거야. 그러니까 우리는 코딩을 통해서 안심하고 컴퓨터에게 어렵고 지루한 반복 작업을 시킬 수 있는 거란다.

순차, 반복, 선택

컴퓨터는 작성된 프로그램에 따라 행동을 해. 컴퓨터를 작동시키는 프로그램의 구조에는 순차, 반복, 선택이 있어. 이번에는 순차, 반복, 선택 구조에 대해 알아보자.

먼저 순차 구조는 순서대로 차례차례 진행하는 것을 말하는 거야. 마치 레고 블록을 조립하거나 종이접기를 할 때 순서를 정확하게 지켜야 원하는 결과를 얻을 수 있는 것과 같아. 만일 종이접기를 하면서 순서를 바꾸거나 빼먹으면 원하는 모양이 만들어지지 않을 거야. 본문에서도 로봇에게 양치질하는 방법을 알려 줄 때 '입을 연다'는 과정을 빠뜨리면 입을 다물고 양치질을 했잖아? 이처럼 순서대로 차례차례 진행하는 것을 순차라고 해. 컴퓨터는 사람이 시키는 명령을 순서대로 실행하기 때문에 코딩을 할 때 순서에 맞추어서 정확하게 명령을 내리는 것이 중요한 거야.

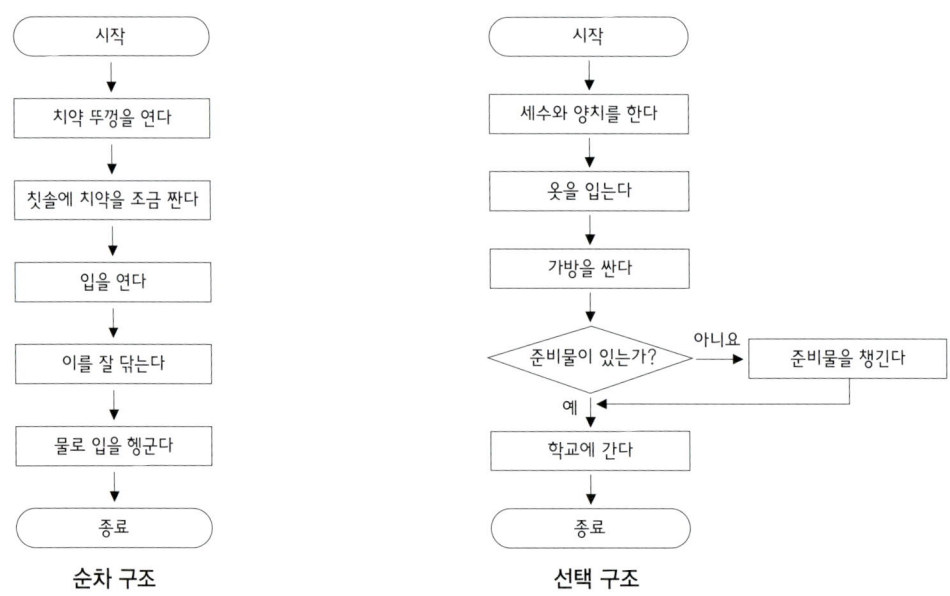

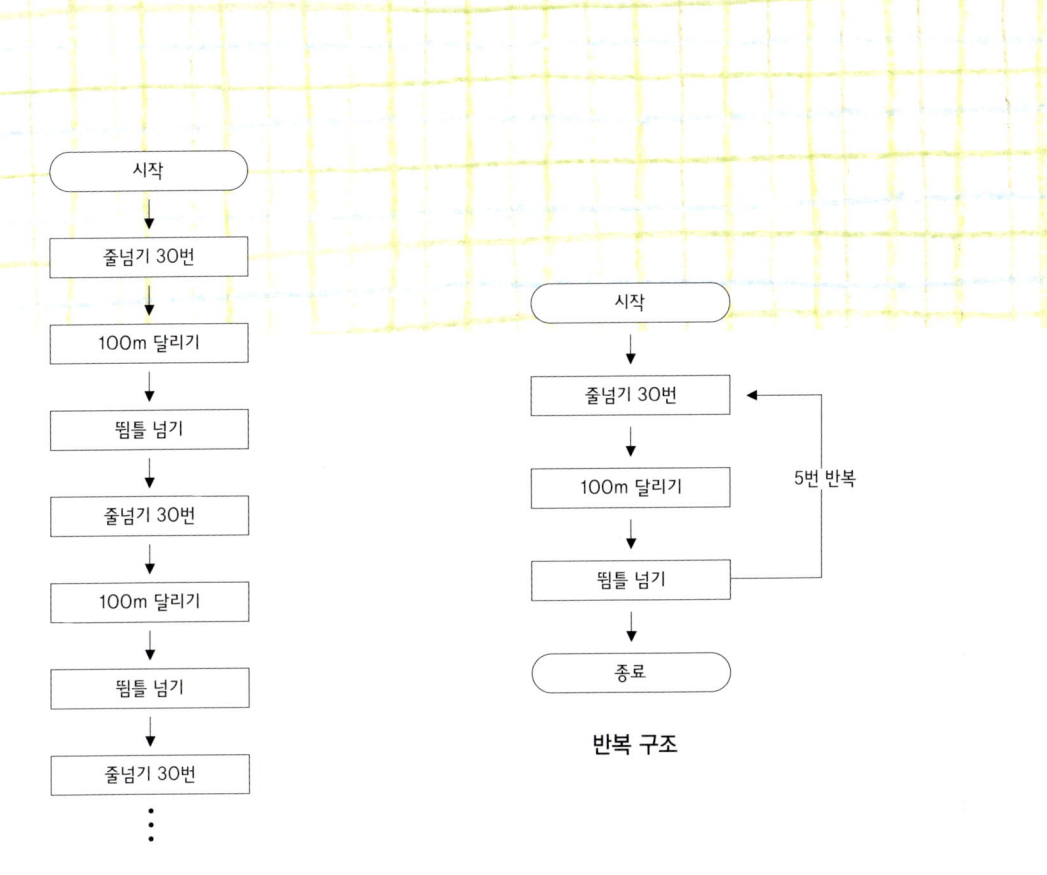

반복 구조

선택 구조는 조건에 따라 행동이 달라지는 것을 말하는 거야. 우리는 일상생활에서 여러 가지 조건을 만나고 이에 따라 선택을 해야 해. 학교에 가려는데 비가 온다면 우산을 쓰고 가야 하고, 준비물이 있다면 준비물을 챙겨서 가야 해. 이처럼 조건에 따라 선택이 달라져. 컴퓨터도 마찬가지야. 조건에 따라 다르게 행동하도록 코딩을 해야 해. 만일 조건에 맞으면 어떻게 행동하고, 조건에 맞지 않으면 어떻게 행동하라고 명령을 내리는 거지. 항상 조건이 같지 않기 때문에 선택 구조가 필요해.

반복 구조는 컴퓨터에게 정해진 횟수만큼 같은 행동을 하도록 하는 것을 말해. 똑같은 일을 여러 번 반복해서 하려면 아주 지루할 거야. 그런데 컴퓨터는 지루해하지 않으면서 아주 정확하게 할 수 있어. 반복 구조는 코딩 작업을 할 때 아주 편리해. 여러 번 반복되는 명령을 일일이 다 쓰지 않아도 되지. 예를 들어 로봇에게 줄넘기 30번과 100m 달리기, 띔틀 넘기를 순서대로 5번 하도록 한다고 생각해 봐. 이걸 다 일일이 코딩하려면 힘들 거야. 하지만 위의 오른쪽처럼 반복 구조를 이용하면 훨씬 간단하게 만들 수 있단다.

18 정구가 우승했어요!

문제를 나누면 쉬워진다고?

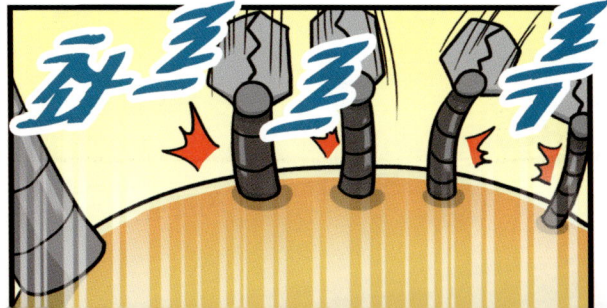

머리 피해 0!

몸체 피해 0!

관절 피해 2!

삣 삣 삣 삣 삣

그래, 관절이야! 관절엔 유연한 소재를 써야 하니 그 부분은 약할 수밖에 없어!

가슴 피해 0!

꼬리 피해 0!

다리를 고정했다가 움직이려 할 때, 또 움직이다가 고정하려고 할 때, 즉 고정 형태와 이동 형태의 사이가 제일 불안정하니 그때를 노려야 해!

휘청

좋아, 데이노니쿠스! 기회는 딱 한 번뿐이야!!

쐐액

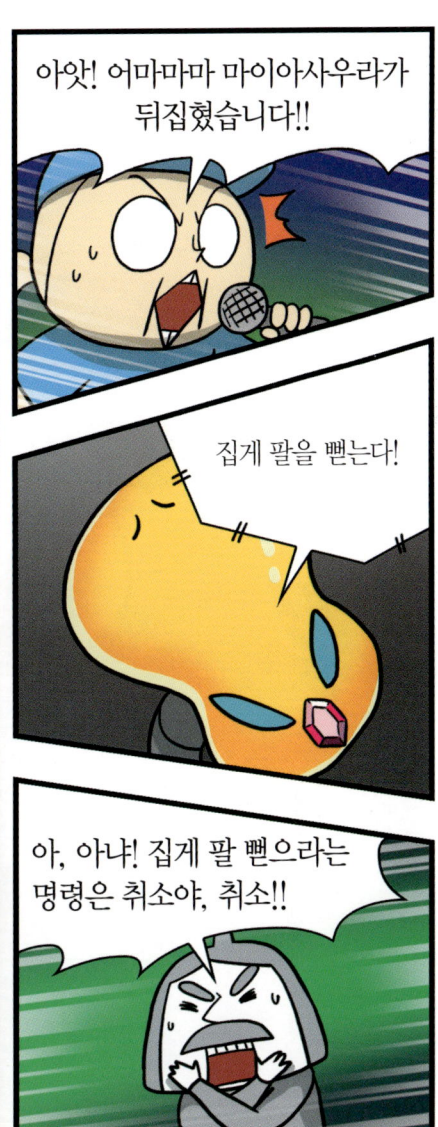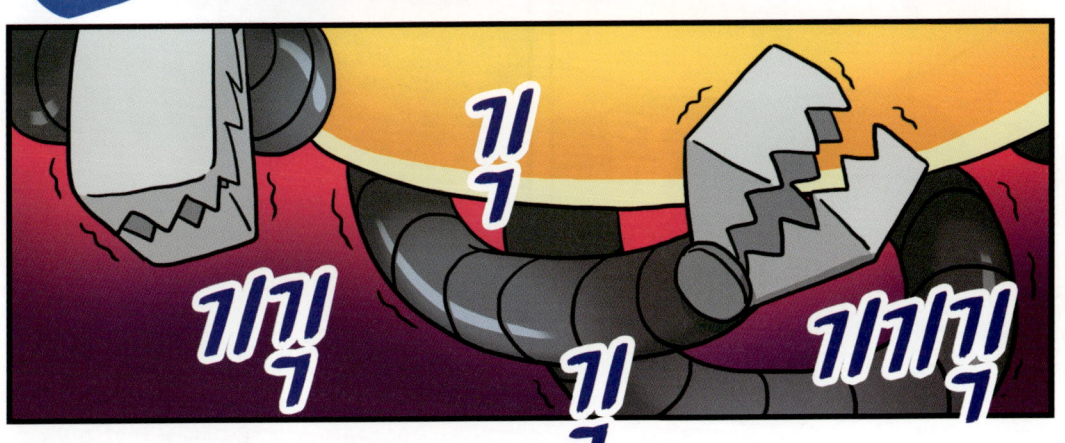

정신이가 알려 주는 과학 상식

큰 문제를 작게 나누어서 해결하는 방법, 문제 분할

어떤 문제를 해결하기 위해 코딩을 할 때에 문제를 작게 나누어서 생각하면 좀 더 쉽게 해결할 수 있어. 이것을 문제 분할이라고 하지. 큰 문제를 작게 나누어 생각하면 해결해야 할 일들을 파악하기 쉽고, 어떤 순서로 해야 할지 결정하기 쉬워. 예를 들어 '저녁 식사를 준비한다'는 것은 큰 문제같이 보이지만 다음과 같이 나누면 해낼 수 있어. ① 밥을 짓는다, ② 국을 끓인다, ③ 밥과 국을 그릇에 담는다, ④ 반찬을 놓고 수저를 놓는다. 이처럼 큰 문제로 보이는 것도 문제를 나누어 보면 해야 할 일을 파악하기 쉬워. 생활하는 가운데 어렵고 복잡한 문제를 만나게 되는 경우가 많은데 이처럼 문제를 나누어서 생각하면 쉽게 해결할 수 있단다.

실수하면 안 돼!

예전에는 종이에 구멍을 뚫어서 코딩을 했다고?

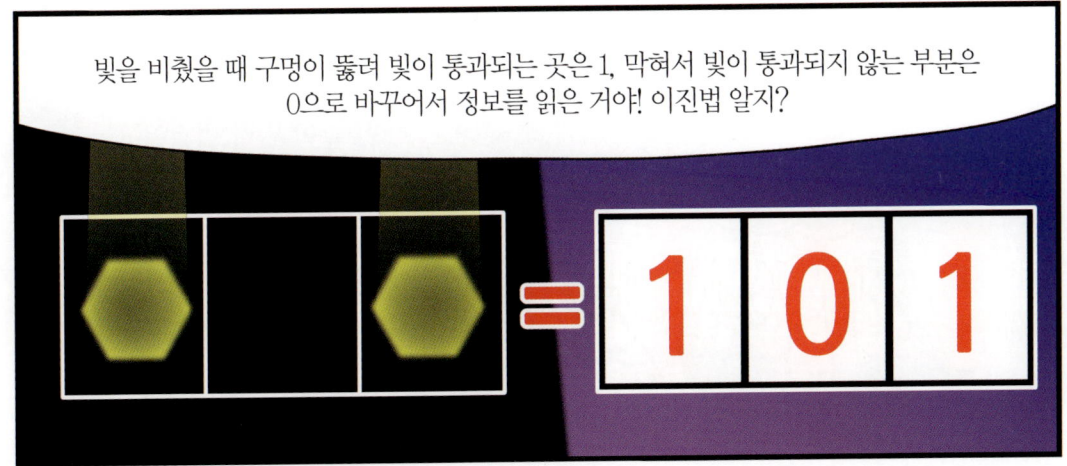

예전에 컴퓨터와 의사소통을 하기 위해 만든 천공 카드

혹시 천공 카드라는 말을 들어 본 적이 있니? 천공 카드란 종이 카드에 구멍을 뚫어서 정보를 저장하는 카드야. 처음에 컴퓨터가 만들어졌을 때에는 천공 카드를 이용해서 컴퓨터와 의사소통을 했어. 컴퓨터가 천공 카드에 빛을 쏘아서 카드에 구멍이 뚫린 곳과 뚫리지 않은 곳을 1과 0으로 바꿔서 카드에 들어 있는 정보를 읽은 거야. 그러니까 예전의 프로그래머들은 만들고 싶은 프로그램의 내용을 구상한 다음에 종이에 구멍을 뚫어서 코딩을 한 거지. 그런데 구멍을 하나라도 잘못 뚫으면 처음부터 다시 뚫어야 했고, 조금 복잡한 프로그램은 천공 카드가 수백 장이 넘었기 때문에 매우 불편했어.